Leserabe

Katja Reider

W0058777

Die schönsten
Fantasiegeschichten
mit extra vielen Rätseln

Mit Bildern von Ela Smietanka
und Lisa Brenner

Ravensburger

Bibliografische Information der Deutschen Nationalbibliothek:

Die Deutsche Nationalbibliothek verzeichnet diese Publikation
in der Deutschen Nationalbibliografie.
Detaillierte bibliografische Daten sind im Internet
über http://dnb.d-nb.de abrufbar.

1 3 5 4 2

Ravensburger Leserabe
Diese Ausgabe enthält die Bände
„Das Feen-Casting" von Katja Reider mit Illustrationen von Ela Smietanka,
„Fantastische Meermädchengeschichten" von Katja Reider
mit Illustrationen von Lisa Brenner
© 2019, 2020 Ravensburger Verlag GmbH
Auszüge aus:
„Sticker-Kreuzworträtsel zum Lesenlernen" von Anne Johannsen
mit Illustrationen von Stefan Lohr,
„Kreuzworträtsel zum Lesenlernen" mit Illustrationen von Anne Karen Rasch,
„Sticker-Rätsel zum Lesenlernen" von Lena Merk mit Illustrationen
von Stefan Lohr © 2018, 2016, 2017 Ravensburger Verlag GmbH

© 2023 Ravensburger Verlag GmbH
Postfach 2460, 88194 Ravensburg
Für die vorliegende Ausgabe
Umschlagbild: Lisa Brenner
Konzept Leserätsel: Dr. Birgitta Reddig-Korn
Printed in Germany
ISBN 978-3-473-46295-7

ravensburger.com
www.leserabe.de

Inhalt

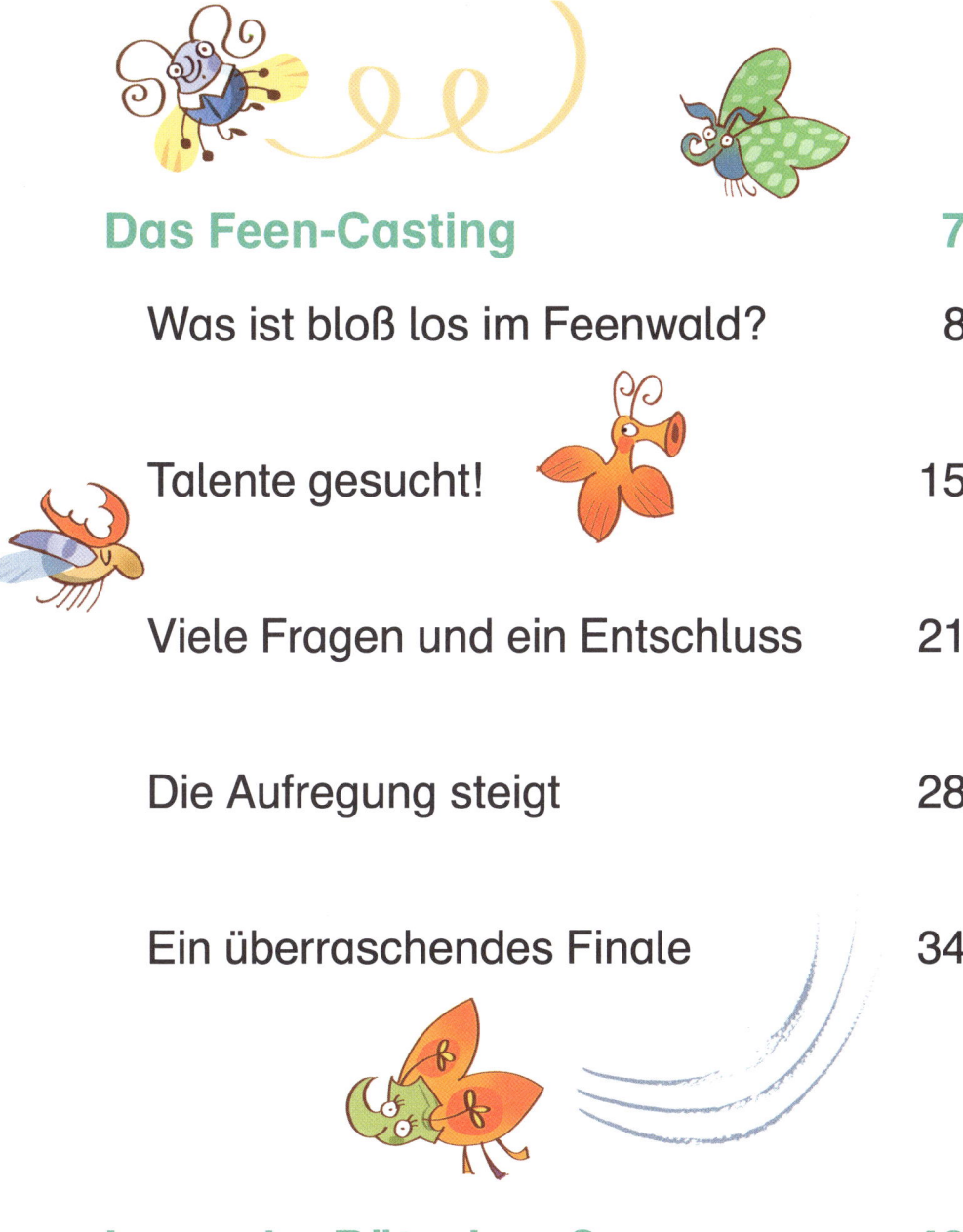

Katja Reider

Das Feen-Casting

Mit Bildern von Ela Smietanka

Was ist bloß los im Feenwald?

Nell, die kleine Waldfee,
spitzt verwundert die Ohren.
Was ist denn das
für ein seltsames Geräusch?
„Sch, sch, sch …"
Und noch mal: „Sch, sch, sch …"
Das klingt ja wie eine Lokomotive!

Aber im Feenwald
gibt es keine Züge.
Wozu auch?
Hier können ja fast alle fliegen!
Hui, Nell breitet ihre Flügel aus
und flattert los.
„Mimimimi …"
Nanu, schon wieder
so ein seltsamer Klang!

Und die Stimme kennt Nell doch!
Die kleine Fee linst
durch die Blätter.
Na klar, es ist ihre Freundin Jula,
die da singt!
Jetzt stimmt Jula eine Tonleiter an:
„La, la, la …",
klingt es über die Lichtung.

Was hat das nur zu bedeuten?
Nell flattert näher.
„Guten Morgen, liebe Jula!"
„Oh, hallo Nell!" Jula errötet.
„Hast du mich gehört?
Ich übe für den großen Wettbewerb
‚Ein Lied für den Feenwald'.
Da möchte ich so gern gewinnen!
Was meinst du:
Ist meine Stimme schön genug?"

„Tja, ich weiß nicht …",
druckst Nell.
„Oh, hör mal!", unterbricht Jula.
„Da singt ja noch jemand!
Komm, wir schauen, wer es ist!"
Jula nimmt Nell bei der Hand,
und die beiden fliegen los,
immer dem Gesang nach.

Es ist Waldgeist Tibs,
der da eifrig vor sich hin trällert.
„Übst du auch
für den Wettbewerb?",
erkundigt sich Jula.
Tibs nickt.
„Machst du etwa auch mit?"
„Na klar!", sagt Jula stolz.
„Hört mal, wenn ich gewinne,
reise ich herum
und gebe überall Konzerte.
Oh, das wird so toll!"

Wie bitte?

Nell runzelt die Stirn.

„Und mit wem soll ich spielen,
während du unterwegs bist?"

Jula überlegt.

„Du kommst einfach mit und
kümmerst dich um meine Fans",
entscheidet sie dann.

Nell verzieht das Gesicht.

Na, das sind ja tolle Aussichten …

Talente gesucht!

„Kommt ihr mit zum Teich?",
fragt Nell. „Wir könnten wieder
auf den Seerosen-Blättern hüpfen!"
Jula und Tibs schütteln die Köpfe.
Sie wollen weiter üben.
Wie langweilig!
Nell saust nach Hause.
Vielleicht hat ja Nachbarin Suri
Zeit für einen Ausflug?

Leider nicht!
Auch Suri will
bei dem Wettbewerb antreten.
Sie schreibt sogar ein Lied dafür!
„Pling, plong, pling …"
Suri bearbeitet ihr Glockenspiel.
Puh … ist das laut!
Na gut, es wird sowieso Zeit,
sich diesen Wettbewerb
mal etwas genauer anzuschauen.
Nell schüttelt ihre Flügel
und düst wieder los.

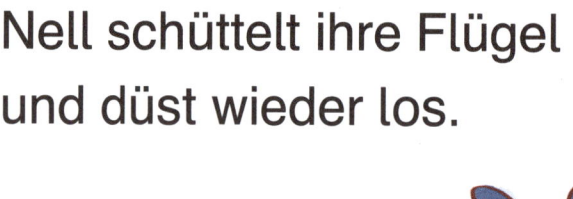

Achtung: Talente gesucht!
Ein Lied für den Feenwald.
Hast du eine schöne Stimme?
Dann lass alle sie hören!
Mach mit beim großen Wettbewerb
und gewinn den ersten Preis:
die Kette der hundert Tautropfen.

Nell flattert näher.

Wie schön die Perlen glitzern!

In allen Farben des Regenbogens.

Klar, dass alle den Wettbewerb

gewinnen möchten.

Diese Kette hätte Nell auch gern …

Autsch, was war das denn?
Nell reibt sich die Stirn.
Wirft da etwa jemand
mit Tannenzapfen?
„Oh, hast du meine Schreibfeder
an den Kopf gekriegt?"
Nell blickt nach oben.
Direkt über ihr auf einem Ast
hockt Meli, die kleine Honigfee.

„Entschuldigung! Die Feder
ist mir aus der Hand gerutscht",
erklärt Meli zerknirscht.
„Kannst du mal gucken,
ob sie da unten irgendwo liegt?"
Brummelnd sucht Nell im Gras.
„Was schreibst du denn da?",
erkundigt sie sich.

„Autogramme!",
verkündet Meli stolz.
„Wenn ich gewinne,
wollen alle Autogramme von mir.
Darum arbeite ich schon mal vor.
Schlau, oder?"
Nell seufzt.
Dieser Wettbewerb scheint ja
den ganzen Feenwald
verrückt zu machen!

Viele Fragen
und ein Entschluss

Die kleine Fee überlegt: Was nun?
Zu Hause ist es zu laut.
Und Jula und Tibs üben sicher noch
für ihren großen Auftritt.
Also fliegt Nell allein zum Teich.
Wie wunderschön das Wasser
in der Sonne glitzert!

Vorsichtig landet die kleine Fee
auf einem Seerosen-Blatt
und streckt sich aus.
Ach, es gibt nichts Herrlicheres
als dieses sanfte Schaukeln …
Nell schließt die Augen
und lässt ihre Gedanken wandern:
Ob der Sieger oder die Siegerin
des Wettbewerbs wirklich
so berühmt wird?

Und überhaupt: Wie ist es wohl,
auf einer Bühne zu stehen?
Wenn alle dir zujubeln.
Wenn der Applaus
kein Ende nimmt.
Wenn jeder dich kennt.
Würde ihr das gefallen?
Eigentlich hat Nell selbst
ja auch eine schöne Stimme …
Vielleicht sollte sie einfach
bei dem Wettbewerb
mitmachen?

Nell trällert vor sich hin.
Sie singt ein kleines Frühlingslied.
Erst leise und dann immer lauter.
Hm, klingt doch gar nicht übel!
„Oje!", quakt es plötzlich neben ihr.
„Noch eine Konkurrentin!"
Nell reißt die Augen auf.

Auf dem Seerosen-Blatt gegenüber
sitzen zwei Frösche.
Sie mustern Nell missbilligend.
„Soso, du willst also auch
beim Wettbewerb mitmachen",
schnarrt der eine.
„I-i-ich … weiß noch nicht!",
stottert Nell.
„Papperlapapp!", quakt der andere.
„Du übst! Haben wir genau gehört!"

„Und … das soll ich nicht?“,
erkundigt sich Nell verwundert.
Die Frösche schütteln die Köpfe.
„Nö, wir wollen ja gewinnen!
Da ist zu viel Konkurrenz schlecht!“
„Ganz schlecht“, quakt der andere.
„Bleib mal schön zu Hause!“

Wie bitte?
Nell starrt zu ihnen hinüber.
Aber die zwei ehrgeizigen Sänger
sind – platsch! –
bereits abgetaucht.
Egal, Nells Entschluss steht fest:
Sie nimmt auch
am Wettbewerb teil.
Jetzt erst recht!

Die Aufregung steigt

Am Abend sitzt die kleine Fee
mit Jula, Suri und Tibs zusammen.
Bei Himbeertee und Nüsschen
erzählt Nell ihren Freunden
von ihrer Begegnung
mit den Fröschen.
„Unglaublich!", ruft Suri empört.
Jula und Tibs nicken. „Echt frech!"

„Für euch ist es also in Ordnung,
wenn ich auch dabei bin?",
fragt Nell.
„Na klar!", sagt Jula.
„Bei einem Wettbewerb
machen nun mal viele mit!"
„Sonst wäre es ja
kein Wettbewerb", ergänzt Tibs.
Und wo er recht hat, hat er recht.

In den nächsten Tagen singt
und klingt der ganze Feenwald.
Überall wird geträllert
und gesummt.
Jula zeigt Nell,
wie man beim Singen richtig atmet.
Und Suri trägt den Freunden
ihr selbst geschriebenes Lied vor.
Es ist noch nicht ganz fertig,
aber es klingt schon wunderschön!

Da kommt Meli angeflattert.
Oh, die sieht aber wütend aus!
„Stellt euch vor", krächzt Meli.
„Jemand hat meinen Honig stibitzt!
Dabei brauche ich ihn dringend.
Ich bin total heiser!"
Nell und Jula schauen sich an.
Das ist ja wirklich gemein!
Zum Glück hat Jula
noch etwas Honig.
Dankbar düst Meli damit ab.

„Wer entscheidet eigentlich,
wer den Preis gewinnt?",
fragt Nell dann.
„Die drei Wald-Weisen:
Elva, Kira und Thor", erklärt Jula.
„Stell dir vor,
einige Kandidaten
schicken den Juroren Blumen,
um sich einzuschmeicheln!"

Jula zeigt auf die Wiese.
„Daher sieht's hier so leer aus!
Alles abgepflückt!"
Nell schüttelt den Kopf.
„Es wird wirklich Zeit,
dass alles wieder normal läuft!"

Ein überraschendes Finale

Endlich ist der große Tag da!
Am Eingang der Waldbühne
drängen sich die Bewerber.
Alle hibbeln durcheinander.
Auch Nell glüht vor Aufregung.
„Das ist Lampenfieber",
erklärt Suri. „Das gehört dazu."
Nell seufzt.

Dann linst sie nach vorn.
Aha, jeder Kandidat erhält
eine Startnummer!
Die ersten singen sich bereits ein.
„Da kommt die Jury", ruft Tibs.
Tatsächlich!
Feierlich nehmen
die drei Wald-Weisen
ihre Plätze vor der Bühne ein.

Das Publikum applaudiert.
Und dann geht es endlich los!
Nach einer kurzen Begrüßung
wird die erste Kandidatin
aufgerufen.
Es ist Meli, die Honigfee.
    Zum Glück hat Julas Honig geholfen:
    Melis Stimme klingt
    klar und schön.
    Sie verbeugt sich stolz.

Dann folgt schon Startnummer 2.
Nell reckt neugierig den Hals.
Ah, jetzt ist einer der Frösche dran!
Er macht seine Sache gut.
Das muss Nell zugeben.
Auch die nächsten Kandidaten
haben recht gute Stimmen.
Nell beißt sich auf die Lippen.
Was, wenn sie selbst
keinen Ton herausbekommt?

Jula spürt Nells Aufregung.

„Das klappt schon!", flüstert sie.

Nell nickt tapfer.

Jetzt wird ihre Nummer aufgerufen!

Nell flattert auf die Bühne.

Sie muss zweimal ansetzen,

aber dann singt sie einfach los.

Alles läuft wunderbar.

Das Publikum klatscht begeistert.

Fast zu schnell

ist Nells Auftritt wieder vorbei,

und der Nächste betritt die Bühne.

Die Zeit vergeht wie im Flug.
Als Letzte ist Suri dran.
Mit ihrem eigenen Lied:
„Ob Sommer, ob Winter,
ob warm oder kalt,
wir alle lieben den Feenwald!
Er blüht Jahr um Jahr.
Und wir sehen sternenklar:
Ob wir jung sind oder alt –
unser Zuhause heißt Feenwald."

Suris Stimme ist zart, fast leise.
Aber als sie das Lied wiederholt,
singen plötzlich alle mit.
Ein Chor aus hundert Stimmen!
Wie schön und voll das klingt!
Mit einem Mal
halten sich alle an den Händen
und lächeln sich zu.
Alle Konkurrenz ist vergessen.
Jetzt zählt nur
die Freude an der Musik!
Nell blinzelt ein Tränchen weg.
Was für ein Moment!

Als der Applaus nachlässt,
zieht sich die Jury
zur Beratung zurück.
„Suri wird gewinnen!", sagt Nell.
„Und das hat sie auch verdient!"
Die anderen nicken.
Aber es kommt anders.

„Hört", sagt Thor, der Wald-Weise.
„Suri hat uns ihr Lied geschenkt.
Und wir wünschen,
dass ihr es alle zusammen singt,
als Chor des Feenwalds.
Daher gibt es keinen Einzel-Sieger.
Ihr alle seid Sieger!"
„Und was ist mit der Kette
der hundert Tautropfen?", ruft Meli.

Thor lächelt. „Ganz einfach:
Jeder von euch erhält eine Perle.
So leuchtet unser Feenwald-Chor
bei jedem Auftritt
in allen Farben des Regenbogens!
Einverstanden?"
Einverstanden.
Stolz nimmt Nell ihre Perle
entgegen.
Auch die anderen Sänger strahlen.
Und bis in die Nacht hinein
klingt es von nah und fern:
das Lied für den Feenwald!

Leserabe
Leserätsel

Rätsel 1 **Wer bin ich?**

1. Ich nehme am Wettbewerb teil.

2. Ich halte ein Mikrofon.

3. Ich trage ein rosa Kleid.

Rätsel 2 **Silben-Salat**

Bringe die Silben in die richtige Reihenfolge!

GEN – GEN – BO – RE

Wörter im Versteck

Insgesamt sind sechs Wörter versteckt.
Kreise sie ein.

R	K	O	K	P	I
F	E	E	L	X	S
A	T	M	A	L	O
D	T	O	N	A	N
U	E	F	G	R	N
F	I	N	A	L	E

So macht Lesen lernen Spaß!

Mit dem Leserabe Rätselspaß kannst du spielerisch den Wortschatz erweitern. So wirst du ganz schnell zum Leseprofi!

So geht's:
Die Nummern bei den Abbildungen zeigen dir, in welche Felder die Wörter eingetragen werden.
Beachte:
Die Umlaute Ä, Ö, Ü werden als AE, OE, und UE geschrieben, das ß als SS.

Viel Spaß!

In dem Rätselgitter haben sich waagerecht
→ 6 Wiewörter mit den Anfangsbuchstaben
g und h versteckt. Findest du sie alle?

→

L	G	E	S	U	N	D	I
K	M	S	A	O	G	U	T
G	S	C	H	N	T	L	R
R	H	A	R	T	N	A	S
H	E	L	L	K	M	S	G
D	A	Z	L	D	K	E	I
O	N	R	G	R	A	U	F
H	O	H	L	S	A	M	G

Welche Wiewörter hast du gefunden?
Schreibe sie in die Kästchen.

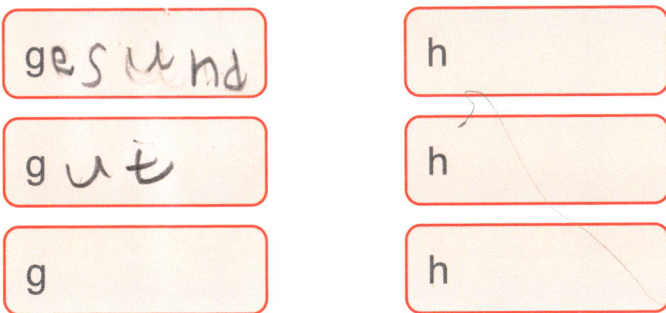

gesund   h

gut   h

g   h

47

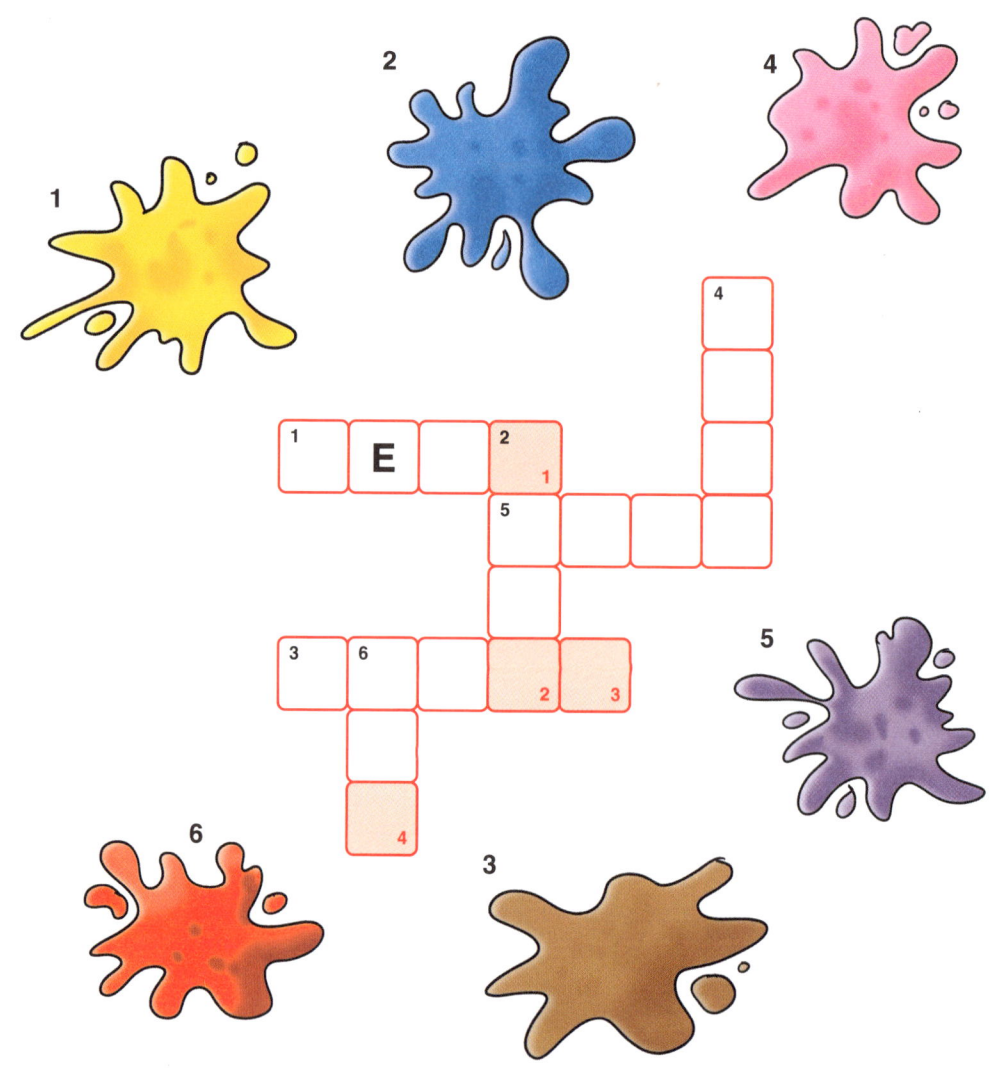

Lösungswort:

Lösungswort:

Lösungswort:

In dem Rätselgitter haben sich waagerecht
→ 6 Wiewörter mit den Anfangsbuchstaben
f und k versteckt. Findest du sie alle?

→

T	S	N	L	F	E	I	N
K	R	A	N	K	L	N	R
S	C	H	K	E	I	B	A
E	F	R	I	S	C	H	T
K	I	B	R	L	S	E	I
S	K	L	E	I	N	M	L
B	S	C	H	F	R	O	H
A	T	K	A	L	T	B	R

Welche Wiewörter hast du gefunden?
Schreibe sie in die Kästchen.

f	k
f	k
f	k

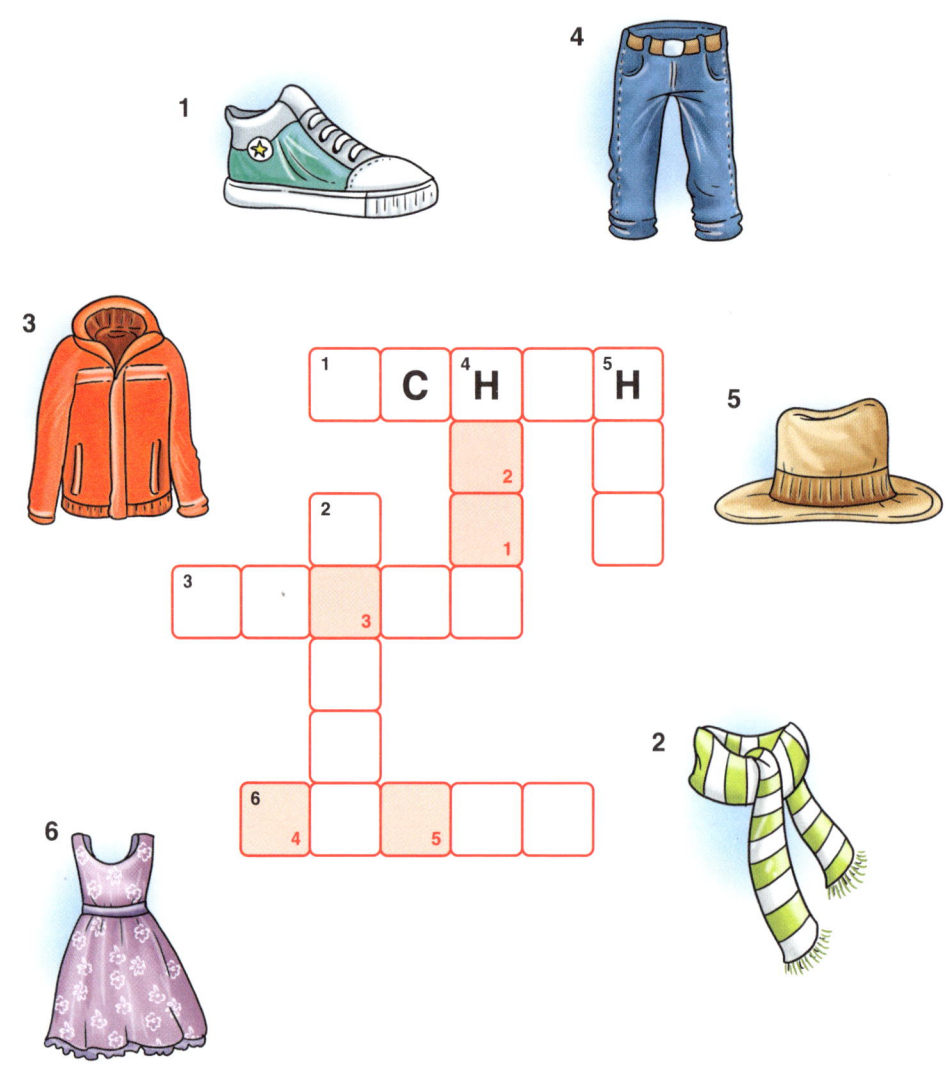

Lösungswort:

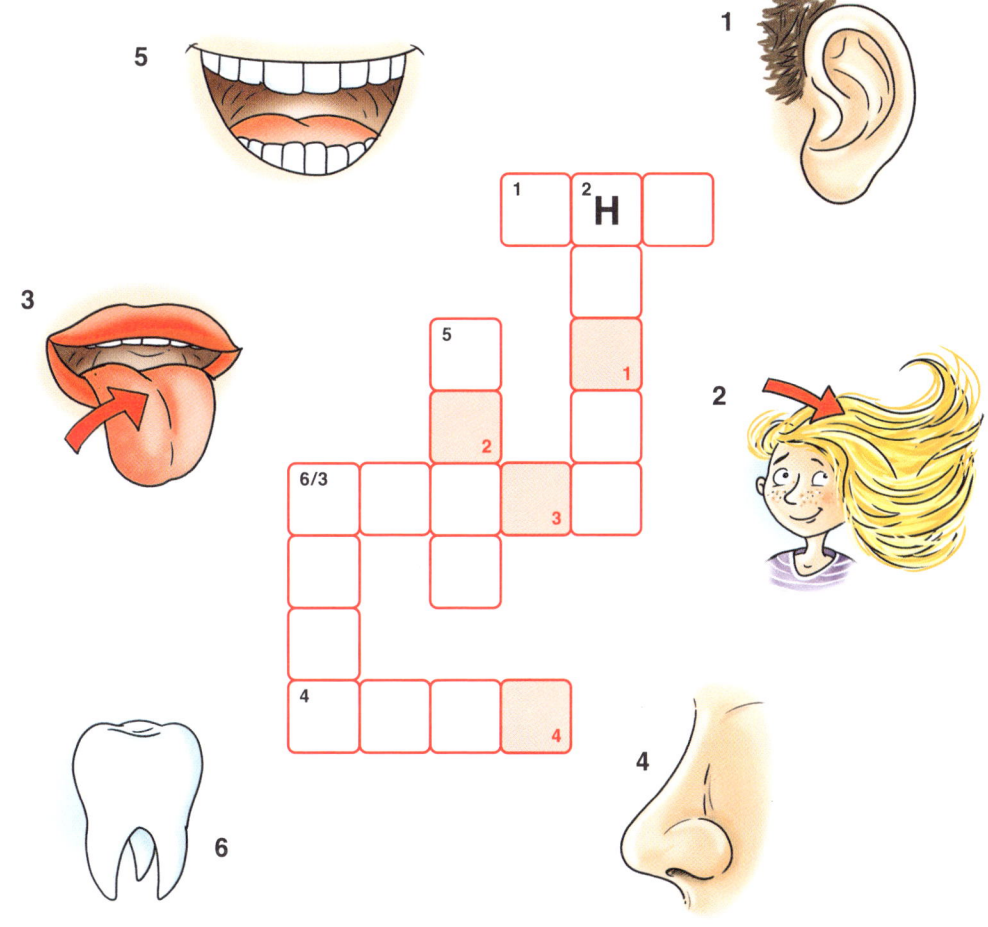

Lösungswort:

53

Lösungswort: ☐ ☐ ☐ ☐ ☐
            1   2   3   4   5

54

In dem Rätselgitter haben sich waagerecht
→ 6 Wiewörter mit den Anfangsbuchstaben
l und st versteckt. Findest du sie alle?

→

L	A	U	T	P	I	L	P
A	G	S	T	O	L	Z	R
O	R	M	F	D	N	Z	B
L	I	E	B	K	L	A	J
H	S	C	H	M	E	I	S
B	T	R	L	E	I	S	E
S	T	R	E	N	G	L	G
A	S	T	I	L	L	N	K

Welche Wiewörter hast du gefunden?
Schreibe sie in die Kästchen.

l	st
l	st
l	st

55

Lösungswort:

Lösungswort: [1] [2] [3] [4]

Rätsel 1

L	G	E	S	U	N	D	I
K	M	S	A	O	G	U	T
G	S	C	H	N	T	L	R
R	H	A	R	T	N	A	S
H	E	L	L	K	M	S	G
D	A	Z	L	D	K	E	I
O	N	R	G	R	A	U	F
H	O	H	L	S	A	M	G

gesund	hart
gut	hell
grau	hohl

Rätsel 3

A   N   A   N   A   S

Rätsel 2

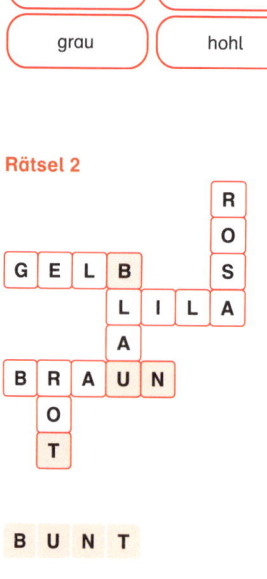

B   U   N   T

Rätsel 4

D E U L E
C U C H
A C H
C H S C H
H I R S C H
S E
H A S E

L U C H S

Rätsel 5

T	S	N	L	F	E	I	N
K	R	A	N	K	L	N	R
S	C	H	K	E	I	B	A
E	F	R	I	S	C	H	T
K	I	B	R	L	S	E	I
S	K	L	E	I	N	M	L
B	S	C	H	F	R	O	H
A	T	K	A	L	T	B	R

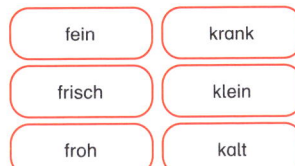

fein   krank

frisch   klein

froh   kalt

Rätsel 7

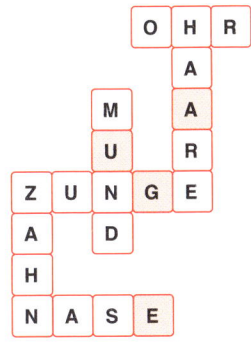

A U G E

Rätsel 6

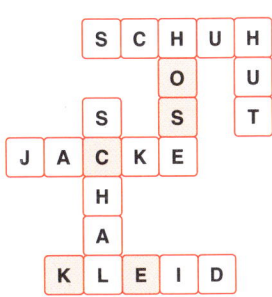

S O C K E

Rätsel 8

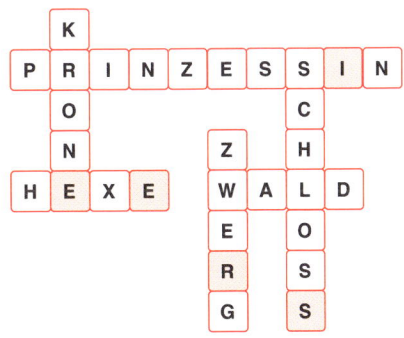

R I E S E

Rätsel 9

L	A	U	T	P	I	L	P
A	G	S	T	O	L	Z	R
O	R	M	F	D	N	Z	B
L	I	E	B	K	L	A	J
H	S	C	H	M	E	I	S
B	T	R	L	E	I	S	E
S	T	R	E	N	G	L	G
A	S	T	I	L	L	N	K

laut	stolz
lieb	streng
leise	still

Rätsel 11

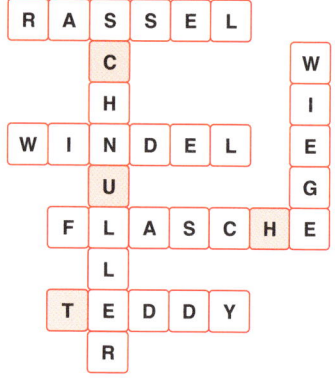

T U C H

Rätsel 10

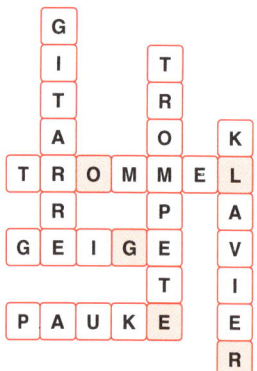

O R G E L

Katja Reider

Fantastische Meermädchengeschichten

Mit Bildern von Lisa Brenner

Zweibeiner in Not

Enya, die kleine Meerjungfrau,
steckt ihren Kopf aus dem Wasser.
Am Strand ist heute aber viel los!
Kein Wunder, bei dem Wetter!
Enya seufzt.
Wie gerne würde sie einmal
näher ans Ufer schwimmen!
Aber das ist viel zu gefährlich!

Niemals, wirklich NIEMALS
dürfen die Zweibeiner sie sehen!
Wenn Enya nur nicht
so neugierig wäre.
Mehr als gut ist
für eine Meerjungfrau.
Besser, sie taucht jetzt ab!
Aber – nanu? Enya stutzt.
Was macht denn das kleine Boot
so weit draußen?

Vorsichtig schwimmt Enya näher.
Im Boot sitzt ein Junge!
Und er paddelt wie verrückt.
Klar, er hat Angst!
Die Strömung treibt sein Boot
immer weiter aufs Meer hinaus.
Und er kann nichts dagegen tun!
Aber sie, Enya, schon.
Sie MUSS dem Jungen helfen!
„Hallo!", ruft sie. „Hallo, du da!"

Der Junge fährt herum.

„W-w-was machst du hier draußen?",
stottert er verdattert.

„Und du?", fragt Enya zurück.

Der Junge läuft rot an.

„Ich bin zu weit rausgepaddelt.
Jetzt schaffe ich es nicht zurück!
Soll ich dich ins Boot ziehen?
Dann versuchen wir es zusammen."

Bloß nicht!, denkt Enya.

Enya schüttelt den Kopf.

„Nee, ich kann super schwimmen.

Ich schlepp dich ab!"

Schon schnappt sie sich

die Bootsleine

und gleitet mühelos durchs Wasser.

Der Junge sieht ihr staunend zu.

„Hey, du hast ja echt Kraft!

Ich bin übrigens Finn.

Und wer bist du?"

„Ich heiße Enya."

„Schwimmst du oft so weit raus?"

Enya nickt.

Nach einer Weile fragt sie:
„Schaffst du das letzte Stück allein?"
„Ja, aber …" Finn zögert.
„Wollen wir nicht noch
ein bisschen zusammen
am Strand spielen?
Eine Sandburg bauen oder so?"
Enya senkt den Blick.
„Das würde ich sehr gern!
Aber es geht leider nicht.
Tschüss, Finn!"

Enya wendet sich um.
„Warte!", ruft Finn hinter ihr her.
„Wir könnten uns morgen
zum Schwimmen treffen.
Ist dir das lieber?"
Enya zögert, dann nickt sie.
„Gut, morgen früh …
hier im Wasser!"

Die kleine Meerjungfrau grübelt.
War die Verabredung ein Fehler?
Ist das Risiko nicht zu groß?
Finn darf nicht
hinter ihr Geheimnis kommen!
Aber er war so nett!
Und Enya würde so gern
mehr über die Zweibeiner erfahren!

Am nächsten Tag nähert sie sich
vorsichtig dem Strand.
Ihre Schwanzflosse darf keinesfalls
aus dem Wasser ragen!
Ah, da ist Finn!
Er hält schon nach ihr Ausschau.
Enya winkt ihm zu.
Finn rennt ins Wasser
und schwimmt ihr entgegen.
Schwups – taucht sie neben ihm auf.
„Hallo, Finn!"

„Hey!" Finn lacht Enya an.
„Deine Haare sind ja wirklich grün!
Hast du die selbst gefärbt?"
Enya errötet. „Äh … also …"
Finn schwimmt neben ihr her.
„So einen Badeanzug wie deinen
habe ich auch noch nie gesehen",
sagt er. „Sieht witzig aus!"
„Findest du?"
Enya berührt ihr Schuppenkleid
und sinkt tiefer ins Wasser.

„Wollen wir tauchen?", fragt Finn.
Enya erschrickt. „NEIN!"
Aber Finn ist schon unter Wasser.
Er will Enya an den Füßen ziehen.
Das wird bestimmt lustig!
Unter Wasser öffnet er die Augen.
W-w-was ist d-d-das?
Enya hat ja gar keine Beine,
sondern … sondern …
Finn schluckt Wasser.
Er taucht auf, hustet,
schnappt nach Luft.

Schon ist Enya bei ihm.

„Ganz ruhig, Finn!", sagt sie.

„Bitte, hab keine Angst!"

„Bist du wirklich …

eine Meerjungfrau?",

japst Finn ungläubig.

„Ja", flüstert Enya.

„Du darfst mich nicht verraten!

Die Zweibeiner würden mich

jagen und fangen und erforschen

und in ein Aquarium setzen.

Aber ich brauche das Meer,

verstehst du?"

Finn nickt.

„Ich erzähle niemandem von dir!
Ehrenwort!"

Enya atmet auf. „Danke!
Ich hätte dich nicht treffen dürfen.
Aber ich mag nicht mehr
immer allein sein."

„Jetzt hast du ja mich", sagt Finn.
„Wir kommen jeden Sommer her."
Enya strahlt.
„Wirklich? Toll!
Dann bringe ich dir jetzt bei,
wie man richtig gut taucht.
Wir werden so viel Spaß haben!"

See-Ungeheuer

„Autsch! Was war das denn?",
ruft Maila.
Die kleine Seejungfrau
reibt sich den Arm.
„Zeig mal!"
Schon ist Undine
an der Seite ihrer Schwester.
Maila hat einen dicken Ratscher!
Vorsichtig fischt Undine
eine Scherbe aus dem Wasser.

„Hier, von einer kaputten Flasche.
Daran hast du dich geschnitten!",
erklärt sie.
Letzte Woche ist Fiete Frosch
das Gleiche passiert.
Die Libellen haben sich
in einem Orangen-Netz verfangen.
Und den Enten war übel,
weil sie schimmeliges Brot
gefressen haben.

Undine schüttelt wütend den Kopf.
„Warum werfen die Menschen nur
ständig ihren Müll in unseren See?",
fragt sie.
„Sie sind doch auch gern hier.
Wieso machen sie alles dreckig?"
„Die meisten nehmen ihren Müll
ja brav wieder mit",
wendet Maila ein.
„Zum Glück für sie", knurrt Undine.
„Aber die See-Ungeheuer nicht.
Die kriegen jetzt richtig Ärger!"

‚Die See-Ungeheuer' –
so hat Undine zwei Jungs getauft,
die immer mit ihren Mopeds
bis ans Ufer fahren.
Manchmal sogar bis ins Schilf.
Dabei brüten dort viele Vögel!
Dann setzen sich die Jungs
ans Wasser und picknicken.
Die Abfälle lassen sie liegen.
Oder schlimmer noch:
Leere Dosen und Flaschen
werfen sie in den See.

Aber damit ist jetzt Schluss!
Die See-Ungeheuer müssen
vertrieben werden!
Ein für alle Mal!
Jawoll!
Undine schmiedet einen Plan.
Ob die anderen mitmachen?
Na klar!

Am nächsten Tag sitzt
Fiete Frosch im Schilf
und hält Ausschau.
„Sie kommen!",
meldet er aufgeregt.
„Informiert die anderen!"
Eilig paddeln die Enten
kreuz und quer über den See.
Bald wissen alle Bescheid.

Aber – nanu? Was ist das?

Fiete hopst näher.

Die Jungen bauen ein Zelt auf!

Wollen sie etwa hier schlafen?

Was nun?

Fiete benachrichtigt Undine.

Aber die kleine Seejungfrau
kichert nur.

„Macht nichts, Fiete!

Nachts wird unser Plan
noch besser funktionieren …"

Zuerst ist alles wie immer:
Die Jungen sitzen am Ufer
und picknicken.
Wieder mal werden die Abfälle
johlend ins Wasser gepfeffert.
Hui – zischt eine Dose
knapp an Mailas Kopf vorbei.
Geschickt taucht sie unter
und sammelt sie ein.

Auch Enten, Biber und Reiher
fischen fleißig Abfälle
aus dem See.
Alles wird zu Fiete gebracht.
Er bewacht die Sammelstelle.
„Friss bloß nichts davon!",
warnt ihn Undine.
Fiete schüttelt sich.
„Bist du verrückt?
Das ist viel zu eklig!"

Als es dunkel wird,
machen sich die Freunde bereit.
Endlich verziehen sich
die Jungen in ihr Zelt.
Es kann losgehen!
Eilig bauen die Biber
einen Berg aus Müll
vor dem Zeltausgang auf.
Dann stimmt Maila
einen schrillen Sirenen-Gesang an.
Undine fällt mit ein.

Die Frösche quaken dazu.
Die Enten schlagen mit den Flügeln.
Und die Reiher lassen Papierkugeln –
plopp – plopp – plopp – plopp –
auf das Zeltdach regnen.

„HILFE! Es spukt! See-Ungeheuer!"
Die Jungen stürmen aus dem Zelt.
Der erste stolpert prompt
über den Abfallhügel.
„Mann, das ist unser Müll!
Wer war das?
Das ist ja voll unheimlich!
Lass uns bloß abhauen!"
Minuten später ist alles vorbei.
Die See-Ungeheuer sind
mit Sack und Pack verschwunden.

„Die kommen nicht wieder",
sagt Undine zufrieden.
„Mir haben die beiden ja
fast ein bisschen leid getan",
gibt Maila zu.
„Ach, Schwesterherz",
seufzt Undine.
„Du bist unverbesserlich …"

Der schönste Platz der Welt

Die Nixen Meri, Delphine und Yara
sind weltbeste Freundinnen.
Sie teilen alles miteinander.
Auch ihren Lieblingsplatz:
eine Felshöhle am Grund
des Flusses.
Hier horten sie ihre Schätze.
Und hier treffen sie sich
zum Spielen und Plaudern.

„Es ist so schön hier!",
seufzt Meri zufrieden.
Sie flicht ihr langes Haar
zu einem dicken Zopf.
„Ich kann mir keinen besseren Ort
auf der Welt vorstellen.
Ihr etwa?"
Delphine schüttelt den Kopf.
„Auf keinen Fall!"

Aber Yara zögert.

„Wir kennen ja nichts anderes",
sagt sie schließlich.

„Vielleicht ist es woanders
noch viel schöner als hier.
Wer weiß?"

Ihre Freundinnen starren sie an.

„Meinst du das ernst?",
fragt Meri.

Yara zuckt die Achseln.
Dann nickt sie trotzig.

„Klar, warum nicht?"

Yaras Worte tun Meri weh.
Sie weiß selbst nicht, warum.
Aber jetzt will sie
die Freundin auch verletzen.
„Dann hau doch ab!", ruft Meri.
„Schau dir die ganze Welt an!
Am besten gleich morgen!
Kannst uns ja mal
eine Flaschenpost schicken,
wenn du Zeit hast!"

Kaum ausgesprochen,
bereut Meri ihre Worte schon.
Aber es ist zu spät.
Am nächsten Morgen ist Yara fort.
„Wir hören sicher nie wieder
etwas von ihr", schluchzt Meri.
„Doch! Warte ab!",
tröstet sie Delphine.
Und tatsächlich:
Bald kommt Post.

Liebe Freundinnen,

mir geht es gut!
Ich bin den ganzen Fluss
hinuntergeschwommen.
Bis ins große Meer.
Hier ist alles viel größer:
die Schiffe, die Wellen
und die Tiere!
Und stellt euch vor,
das Wasser hier
schmeckt salzig!
Liebe Grüße
von Eurer
Yara

Meri und Delphine freuen sich sehr,
von ihrer Freundin zu hören.
Und sie müssen nicht lange
auf die nächste Nachricht warten.

Liebe Freundinnen,
heute wollte mich eine Familie
auf ihrem Schiff mitnehmen.
Aber das ist mir zu langweilig.
Ich tanze lieber durch die Wellen.
Gestern habe ich einen Wal gesehen!
Liebe Grüße von Eurer
Yara

Fast jede Woche kommt ein Brief.
„Wie aufregend das alles klingt!",
seufzt Meri.
„Sicher wird Yara nie wieder
in unseren Fluss zurückkehren!"
Und tatsächlich –
die nächste Nachricht lautet:

Traurig lässt Meri
den Brief sinken.
Nun ist Yara also für immer fort,
irgendwo am Ende der Welt.
Mit hängenden Flossen
schwimmt Meri ziellos umher.
Aber – nanu!
Als sie wieder zur Höhle kommt –
wer sitzt da neben Delphine?
„YARA!"

Glücklich fallen sich
die Freundinnen in die Arme.
„Der schönste Ort der Welt …
ist zu Hause!",
flüstert Yara Meri ins Ohr.
Meri lacht.
„Aber du hattest schon recht:
Es kann nicht schaden,
sich auch den Rest anzuschauen.
Bei deiner nächsten Reise
kommen wir mit!"

Leserabe
Leserätsel

Rätsel 1
Wer bin ich?

1. Ich habe lange Haare.

2. Ich trage einen Kopfschmuck.

3. Meine Flosse ist orange.

Rätsel 2
Silben-Salat

Bringe die Silben in die richtige Reihenfolge!

CHEN – MÄD – MEER

Wörter im Versteck

Insgesamt sind sechs Wörter versteckt.
Kreise sie ein.

X	B	U	F	E	R
U	R	T	M	A	S
L	I	Z	O	P	F
E	E	E	D	O	N
R	F	L	U	S	S
I	N	T	E	T	R

So macht Lesen lernen Spaß!

Mit den kniffligen Rätseln erweiterst
du spielerisch deinen Wortschatz.
So wirst du ganz schnell zum Leseprofi!

So geht's:
Die Nummern in den Abbildungen
zeigen dir, in welche Felder die Wörter
eingetragen werden.
Beachte:
Die Umlaute Ä, Ö, Ü werden als AE, OE
und UE geschrieben, das ß als SS.

Viel Spaß!

Wörter mit ie

1. Insekt, das Honig sammelt
2. Ich singe ein …
3. Gegenteil von Krieg
4. Die Bahn fährt auf …

Lösungswort: [1] [2] [3] [4] [5]

Buchstabengitter

In dem Rätselgitter haben sich
8 Zootiere versteckt.
Findest du sie alle?

P	F	E	D	R	O	M	E	T	G	A	R
T	R	I	K	R	O	K	O	D	I	L	N
L	B	R	A	U	M	B	A	I	R	G	O
O	R	I	L	A	E	L	E	F	A	N	T
E	S	P	I	N	E	B	R	O	F	P	I
W	E	S	T	R	U	M	V	I	F	A	G
E	Z	E	B	R	O	A	F	F	E	B	E
G	O	Z	I	L	A	M	I	F	E	U	R
A	L	E	O	P	A	R	D	M	E	I	S
E	N	B	R	U	E	L	L	A	V	F	E
K	L	R	A	P	S	C	H	L	A	N	G
K	E	A	N	G	U	R	A	B	Q	U	I

Wörter Dehnungs-h

1. Mit den Augen kann man …
2. Eine Person, die Schüler unterrichtet, nennt man …
3. Tier, das Eier legt
4. Zwölf Monate sind ein …

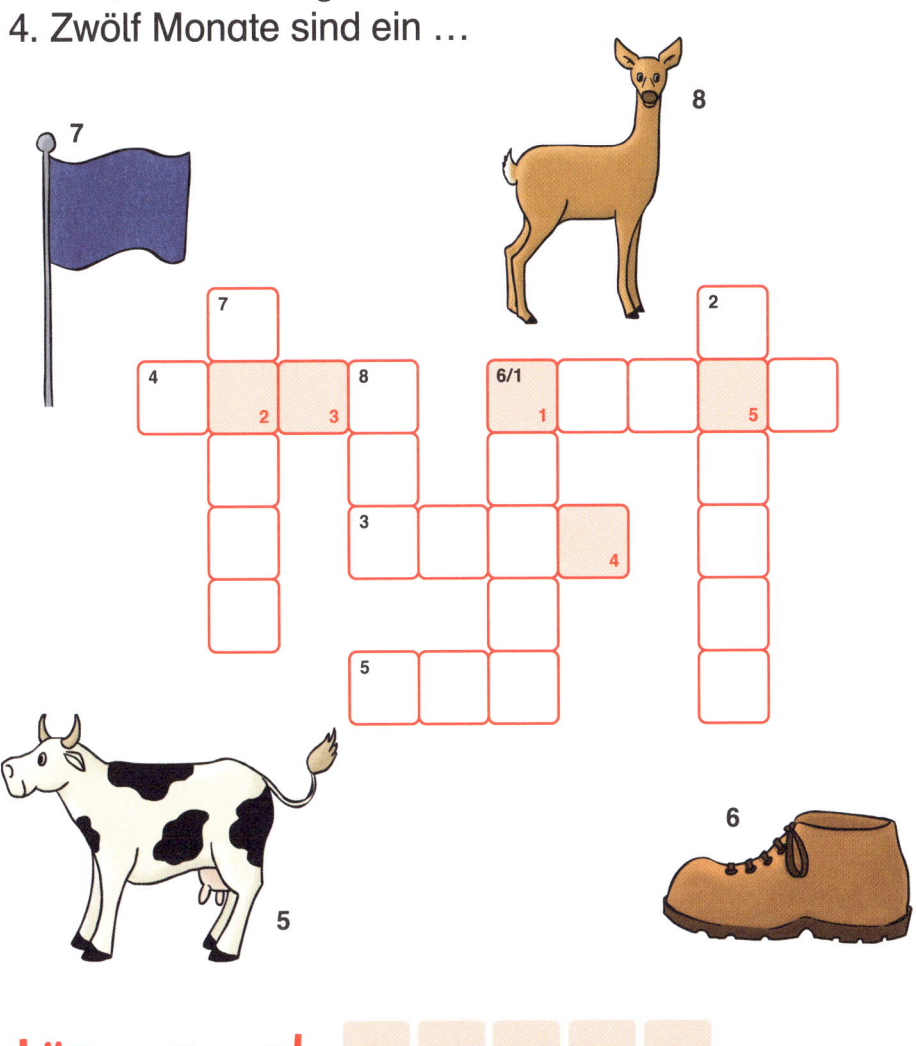

Lösungswort:

Wörter mit langem i

1. Wenn man krank ist, muss man sie einnehmen.
2. Ein Ermittler, der knifflige Fälle löst.
3. Äpfel sind gesund, denn sie haben viele …
4. Anderes Wort für Vorhang

Lösungswort:

Wörter mit doppeltem Selbstlaut

1. Anderes Wort für Einfall
2. Heißes Getränk, das aus Bohnen hergestellt wird
3. Das wächst im Wald an Bäumen.
4. Ein schlangenartiger Fisch

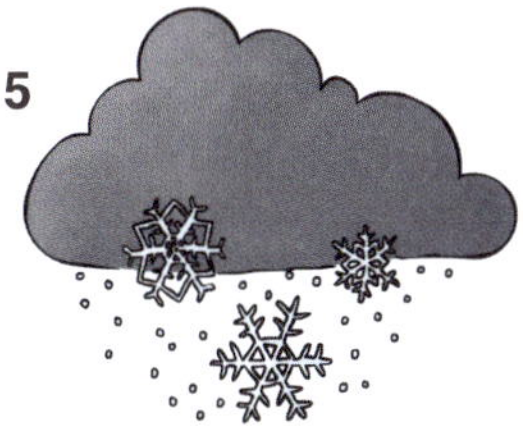

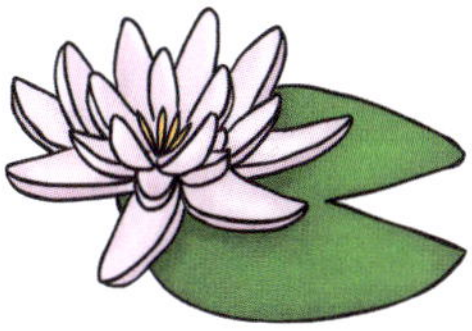

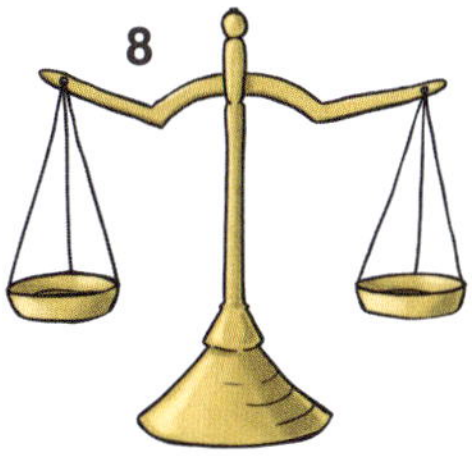

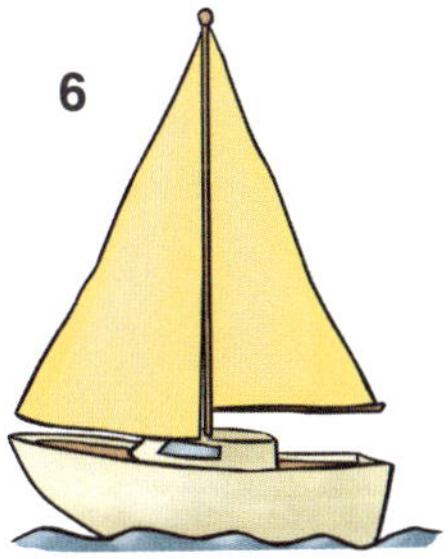

Lösungswort:

105

Buchstabengitter

In dem Rätselgitter haben sich
8 Gemüsesorten versteckt.
Findest du sie alle?

→										
B	R	U	N	B	E	L	E	I	E	M	T
G	F	Z	U	O	K	E	G	U	R	K	E
C	P	A	N	H	R	I	J	O	B	I	R
H	S	P	I	N	A	T	R	A	S	B	A
I	R	A	B	E	R	T	O	M	E	A	T
E	E	P	G	U	R	C	K	L	A	S	T
A	G	R	N	E	R	D	B	R	A	M	O
Z	W	I	E	B	E	L	A	C	H	F	M
Z	O	K	R	N	R	U	E	B	V	U	A
X	K	A	R	O	T	T	E	W	E	N	T
S	P	I	M	A	T	E	N	S	O	S	E
N	E	I	G	E	T	U	N	K	I	E	L

Wörter mit ai/ ei

1. Frühlingsmonat, kommt nach April
2. Herrschertitel, nicht König sondern …
3. Ein Kind, dessen Eltern gestorben sind, ist eine …
4. Gegenteil von hart

Lösungswort: 1 2 3 4

Wörter mit äu/ eu

1. Gegenteil von billig
2. Diese kleinen Nagetiere fressen gern Käse.
3. Drei mal drei ergibt …
4. Ein anderes Wort für Dieb

Lösungswort:

108

Wörter mit w/v

1. Herbstmonat, kommt nach Oktober
2. Fremdwort für „Tunwort" oder „Zeitwort"
3. Eine der Jahreszeiten
4. Tasteninstrument

5

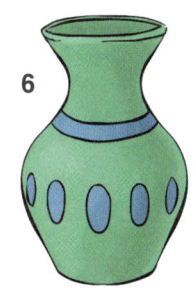

6

7

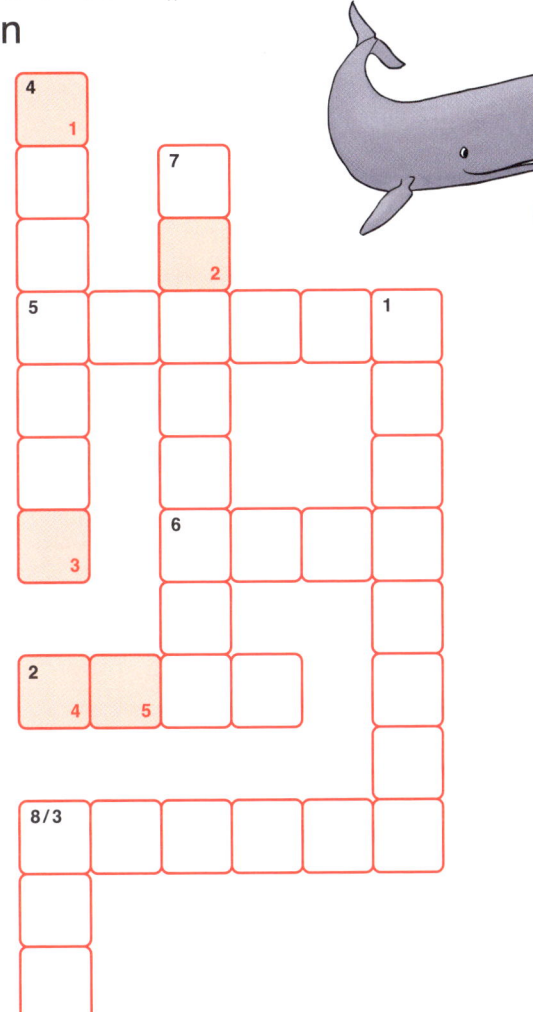

8

Lösungswort:

Buchstabengitter

In dem Rätselgitter haben sich
8 Instrumente versteckt.
Findest du sie alle?

→											
K	A	F	L	O	E	T	E	T	A	S	T
G	R	O	F	E	N	S	T	R	I	G	N
I	G	T	H	A	N	G	I	T	A	E	R
T	F	A	A	G	O	H	T	J	U	I	K
A	U	L	R	E	L	E	R	H	A	G	R
R	V	E	F	T	T	R	O	M	M	E	L
R	T	R	E	O	M	P	M	E	T	I	R
E	A	M	I	S	U	Y	P	E	P	A	K
M	A	K	L	A	V	I	E	R	N	J	U
P	A	U	K	R	A	C	T	H	M	A	G
T	A	K	K	O	R	D	E	O	N	O	R
K	L	A	W	V	I	H	R	M	A	U	P

110

Wörter mit x/chs/ks

1. Wildkatze, die besonders gut hören und sehen kann
2. Gegenteil von rechts
3. Nachschlagewerk
4. Anderes Wort für größer werden

Lösungswort:
1 2 3 4

Wörter mit z und tz

1. Meine Brille ist schmutzig, ich muss sie …
2. Bei einem Gewitter gibt es Donner und …
3. Was ganz klein ist, das ist …
4. Das Essen würzt man mit Pfeffer und …

Lösungswort:

Wörter mit b/p, d/t, g/k

1. Gegenteil von krank
2. Wenn man nicht hören kann, ist man …
3. Darauf kann man im Park sitzen.
4. Wenn man lange nichts gegessen hat, ist man …

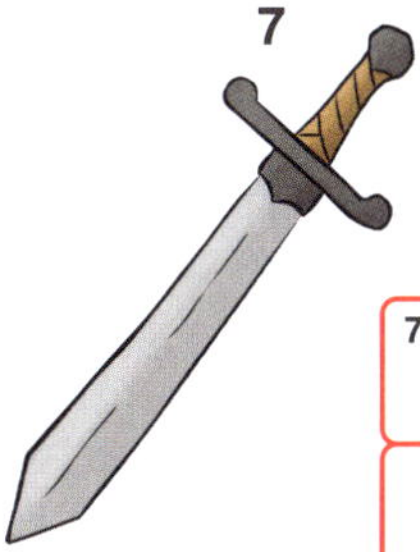

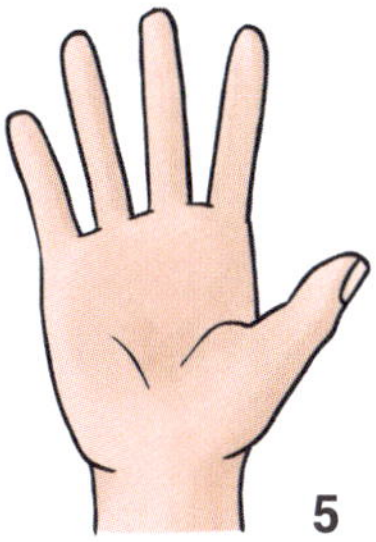

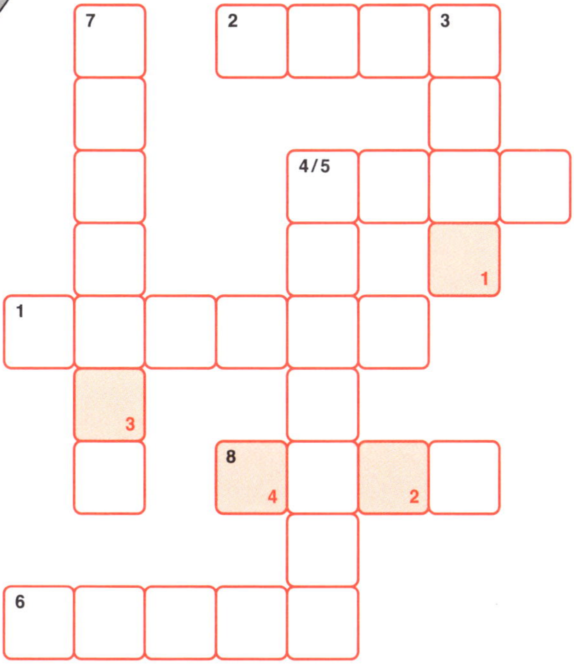

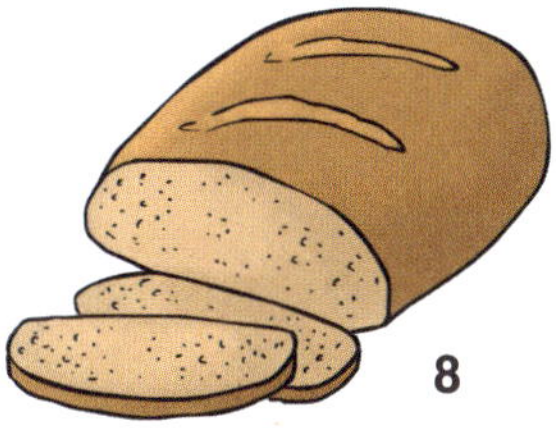

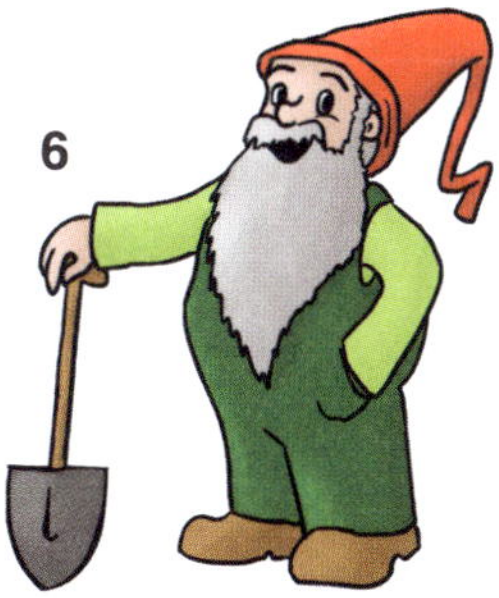

Lösungswort:

113

Das passt doch nicht!

Immer ein Wort passt nicht zu den anderen. Streiche es durch. Die Anfangsbuchstaben der falschen Wörter ergeben das Lösungswort.

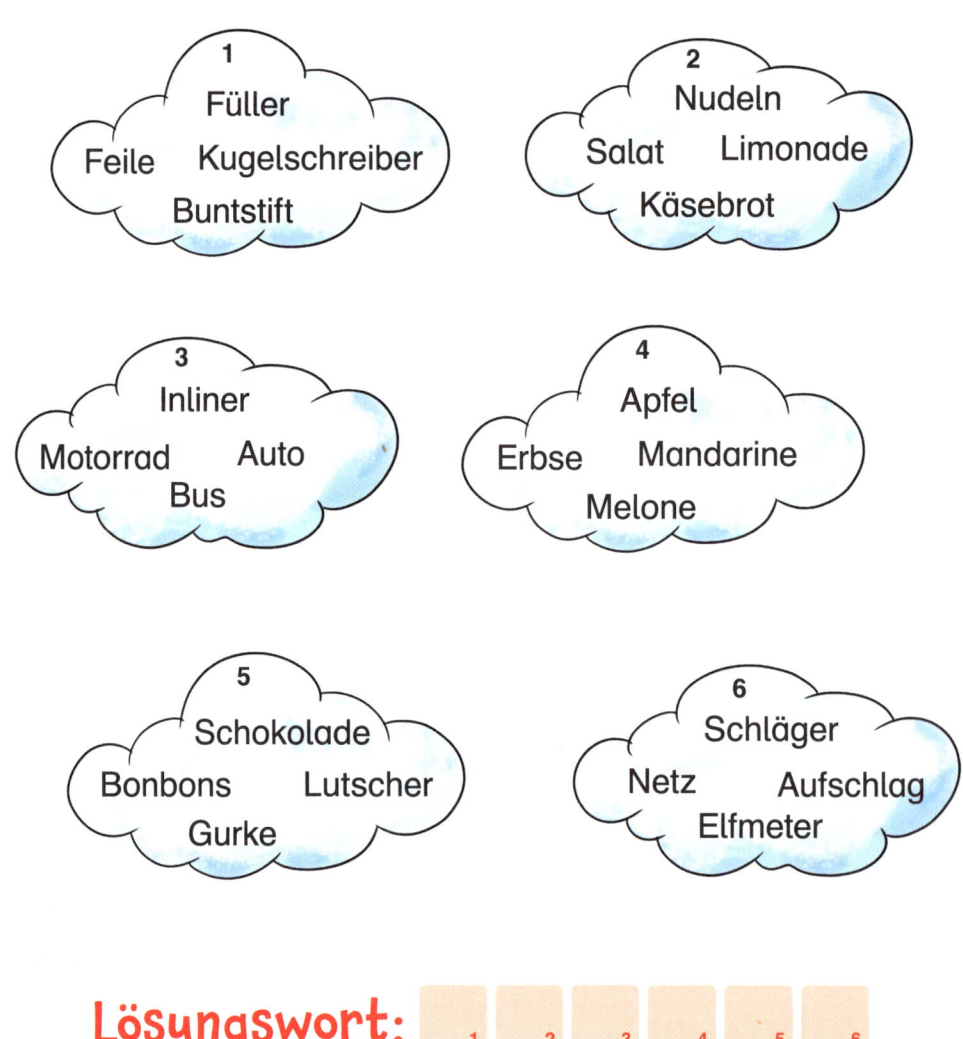

1
Füller
Feile   Kugelschreiber
Buntstift

2
Nudeln
Salat   Limonade
Käsebrot

3
Inliner
Motorrad   Auto
Bus

4
Apfel
Erbse   Mandarine
Melone

5
Schokolade
Bonbons   Lutscher
Gurke

6
Schläger
Netz   Aufschlag
Elfmeter

Lösungswort: ⬜ ⬜ ⬜ ⬜ ⬜ ⬜
1   2   3   4   5   6

Wie heißen die Kinder?

Lies die Sätze aufmerksam und trage
zu jedem Kind den passenden Namen ein.

Paul ist der größte Junge in der Klasse, er sitzt ganz links.
Lisa ist blond, 8 Jahre alt und sitzt heute neben keinem Jungen.
Merle sitzt rechts von Lisa und trägt einen grünen Schal.
Anna ist die kleinste der 5 Freunde und sitzt zwischen
Paul und Lisa. Martin hat nur einen Nachbarn, er sitzt nicht
neben Anna.

Für Lese-Detektive

Lies das Rätsel und streiche die falschen Buchstaben durch. Wenn du diese der Reihe nach in die Kreise schreibst, erfährst du das ganze Geheimnis.

WENNIHRIDENSCHATZFINDENMWOLLT
MÜSSTSIHRGANZESCHÖNSCHLAUESEIN.

SEIDLVORSICHTIGIUNDEPASSTGGENAUAUFT.

IHRSEIDDLESEEPROFISRDESHALBSKÖNNTC
IHRHDASARÄTSELTLÖSENZ.

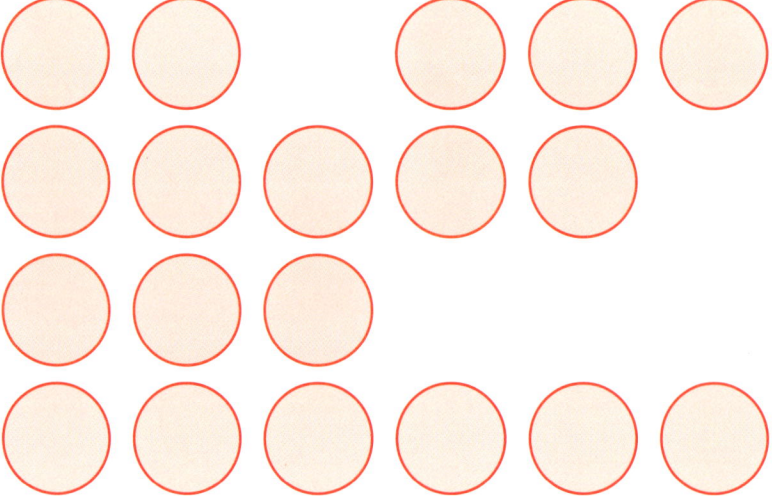

Beim Zahnarzt

Lies dir den Text aufmerksam durch.
Lies anschließend die Sätze unter dem Text und
schreibe in jede Lücke das richtige Wort.

Elias muss zum Zahnarzt. Schon seit fünf Tagen
hat er Schmerzen am rechten Backenzahn. Er kann
nicht richtig kauen und isst deshalb nur Suppe und
Kartoffelbrei. Der Arzt entdeckt schnell das Problem:
Zwischen den Zähnen hat sich ein Apfelkern verfangen.
Jetzt hat Elias keine Schmerzen mehr.

1. Seit fünf _____ hat Elias Zahnschmerzen.

2. Er kann nur noch _____ und
   Kartoffelbrei essen.

3. Der Zahnarzt erkennt das _____:
   Ein _____ steckt zwischen Elias Zähnen.

4. Jetzt hat Elias keine _____ mehr.

Rätsel 12

```
              S       Z
              C       I
              H       E
            W I E G E
    S I E B   E   E
            I       N
    F L I E G E     N
            I   N   N
  F R I E D E N
            D
```

B R I E F

Rätsel 13

P	F	E	D	R	O	M	E	T	G	A	R
T	R	I	K	R	O	K	O	D	I	L	N
L	B	R	A	U	M	B	A	I	R	G	O
O	R	I	L	A	E	L	E	F	A	N	T
E	S	P	I	N	E	B	R	O	F	P	I
W	E	S	T	R	U	M	V	I	F	A	G
E	Z	E	B	R	O	A	F	F	E	B	E
G	O	Z	I	L	A	M	I	F	E	U	R
A	L	E	O	P	A	R	D	M	E	I	S
E	N	B	R	U	E	L	L	A	V	F	E
K	L	R	A	P	S	C	H	L	A	N	G
K	E	A	N	G	U	R	A	B	Q	U	I

Rätsel 14

```
  F                 L
J A H R   S E H E N
  H   E   C       H
  N   H U H N     R
  E       U       E
      K U H       R
```

S A H N E

Rätsel 15

```
          V           T
M E D I Z I N     K I L O
          T     B     G
        G A R D I N E
          M     K     R
  D E L F I N   I
          N     N
      D E T E K T I V
```

I G E L

Rätsel 16

```
                  I
                  D
          S C H N E E
  M       E       E
  O   W A A G E
  O       A R
  S E G E L B O O T
          S
      K A F F E E
```

M E E R

118

Rätsel 17

B	R	U	N	B	E	L	E	I	E	M	T
G	F	Z	U	O	K	E	G	U	R	K	E
C	P	A	N	H	R	I	J	O	B	I	R
H	S	P	I	N	A	T	R	A	S	B	A
I	R	A	B	E	R	T	O	M	E	A	T
E	E	P	G	U	R	C	K	L	A	S	T
A	G	R	N	E	R	D	B	R	A	M	O
Z	W	I	E	B	E	L	A	C	H	F	M
Z	O	K	R	N	R	U	E	B	V	U	A
X	K	A	R	O	T	T	E	W	E	N	T
S	P	I	M	A	T	E	N	S	O	S	E
N	E	I	G	E	T	U	N	K	I	E	L

Rätsel 18

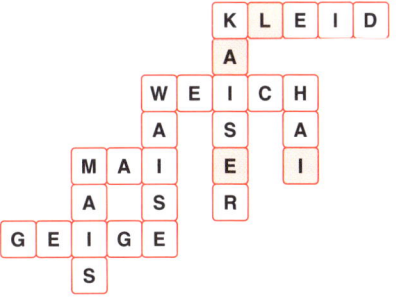

L A I E

Rätsel 19

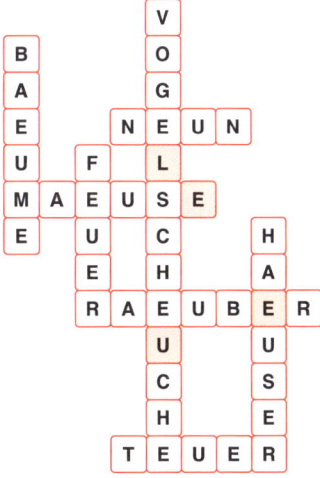

E U L E

Rätsel 20

K U R V E

119

Rätsel 21

K	A	F	L	O	E	T	E	T	A	S	T
G	R	O	F	E	N	S	T	R	I	G	N
I	G	T	H	A	N	G	I	T	A	E	R
T	F	A	A	G	O	H	T	J	U	I	K
A	U	L	R	E	L	E	R	H	A	G	R
R	V	E	F	T	T	R	O	M	M	E	L
R	T	R	E	O	M	P	M	E	T	I	R
E	A	M	I	S	U	Y	P	E	P	A	K
M	A	K	L	A	V	I	E	R	N	J	U
P	A	U	K	R	A	C	T	H	M	A	G
T	A	K	K	O	R	D	E	O	N	O	R
K	L	A	W	V	I	H	R	M	A	U	P

Rätsel 22

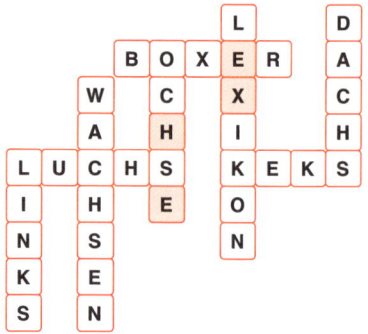

H E X E

Rätsel 23

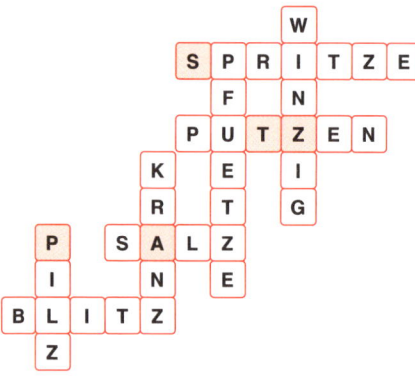

S P A T Z

Rätsel 24

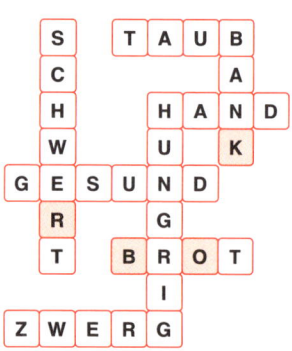

K O R B

120

Rätsel 25

F L I E G E

Rätsel 26

Anna   Merle

Paul   Lisa   Martin

Rätsel 27

IM SEE LIEGT DER SCHATZ

Rätsel 28

1. Seit fünf **Tagen** hat Elias Zahnschmerzen.
2. Er kann nur noch **Suppe** und Kartoffelbrei essen.
3. Der Zahnarzt erkennt das **Problem**: Ein **Apfelkern** steckt zwischen Elias Zähnen.
4. Jetzt hat Elias keine **Schmerzen** mehr.

Rätsel für die Rabenpost

Nell hat eine schöne	····· Stimme.	**H**
	····· Kette.	**F**

Am Ende singen alle zusammen im	····· Feld.	**E**
	····· Chor.	**O**

In Maila und Undines See ist zu viel	····· Müll.	**I**
	····· Seegras.	**D**

Yara schwimmt bis ins große	····· Meer.	**G**
	····· Dorf.	**A**

Lösungswort: **N**

Hast du das Lösungswort herausgefunden?
Dann kannst du jetzt tolle Preise gewinnen.

Gib das Lösungswort auf der -Website
ein oder schick es mit der
Post an folgende Adresse:

An den Leseraben
Rabenpost
Postfach 2007
88190 Ravensburg
Deutschland

Lösungswort

An
den LESERABEN
RABENPOST
Postfach 2007
88190 Ravensburg
Deutschland

**Bitte frage
deine Eltern!***

Leserabe

Lesen lernen wie im Flug!

In drei Stufen vom Lesestarter zum Leseprofi

Vor-Lesestufe
Ab Vorschule

ISBN 978-3-473-46213-1

ISBN 978-3-473-46273-5

ISBN 978-3-473-46207-0

1. Lesestufe
Ab 1. Klasse

ISBN 978-3-473-46218-6

ISBN 978-3-473-46252-0

ISBN 978-3-473-46149-3

2. Lesestufe
Ab 2. Klasse

ISBN 978-3-473-46208-7

ISBN 978-3-473-46059-5

ISBN 978-3-473-46028-1

Leichter lesen lernen mit der Silbenmethode

ISBN 978-3-473-**46230**-8*
ISBN 978-3-619-**14603**-1**

ISBN 978-3-473-**46275**-9*
ISBN 978-3-619-**14341**-2**

ISBN 978-3-473-**46194**-3*
ISBN 978-3-619-**14452**-5**

ISBN 978-3-473-**46193**-6*
ISBN 978-3-619-**14602**-4**

ISBN 978-3-473-**46231**-5*
ISBN 978-3-619-**14344**-3**

ISBN 978-3-473-**46274**-2*
ISBN 978-3-619-**14606**-2**

ISBN 978-3-473-**38556**-0*
ISBN 978-3-619-**14609**-3**

ISBN 978-3-473-**38553**-9*
ISBN 978-3-619-**14447**-1**

ISBN 978-3-473-**38568**-3*
ISBN 978-3-619-**14481**-5**

ISBN 978-3-473-**38565**-2*
ISBN 978-3-619-**14480**-8**

** **Gebundene Ausgabe** bei Mildenberger   * **Broschierte Ausgabe** bei Ravensburger

Mit Rätseln zum Leseprofi!

ISBN 978-3-473-48962-6

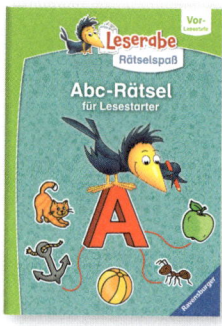

ISBN 978-3-473-48986-2

ISBN 978-3-473-48987-9

ISBN 978-3-473-48961-9

ISBN 978-3-473-48944-2

ISBN 978-3-473-48988-6

ISBN 978-3-473-48989-3

ISBN 978-3-473-48940-4

ERZ_23_005